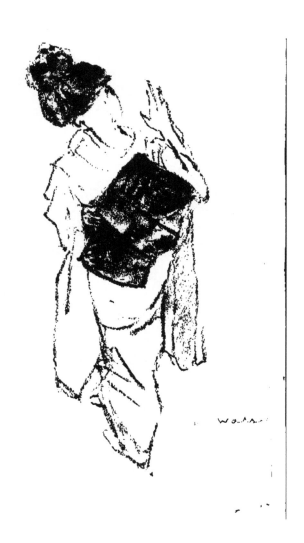

SASSA yo YASSA

Japanische Tänze

TEXT von BERNHARD KELLERMANN

Lichtdrucke und Aetzungen
nach Studien
von
KARL WALSER

Berlin, Paul Cassirer Verlag

Es ist Abend. Ich trete durch eine
meiner drei offenen Zimmerwände
ins Freie und atme die feuchte, duftende
Luft ein. Der Himmel ist tiefblau, die
blühenden Büsche beginnen im Mondlicht

5

blasse Schatten zu werfen, die Zikaden schrillen und feilen, und weit draußen in der Bai glitzert die Welle. Der Abend ist schön und erweckt in mir die Lust, zu den Tänzerinnen zu gehen.

Ich lade Nao=san ein, den jungen Wirt des Gasthofs, und den Großvater, die kleinen trippelnden Mägde machen unser Boot zurecht, und wir stoßen ab.

Unsere Gunka ist wohnlich eingerichtet, wir haben Kissen und Matten, Teegeschirr und einen kleinen Feuertopf; selbst für eine halbe Stunde wollen wir nicht unsere Lebensweise unterbrechen. Vor der Matte steht unser Schuhwerk in einer genauen Reihe, zwei Paar Getas und meine Schuhe, und auf der Matte selbst kauern wir. Nao= san, der „Starke, Aufrechte", wärmt sich die Fingerspitzen am Feuertopf und wech= selt dann und wann lächelnd ein Wort mit mir, der Großvater Kin=be Araki, der „Wächter des Goldes des Waldes", blickt zur blassen Mondsichel empor. Da sitzt er, die Hände in die Ärmel zurückgezogen, wie die Japaner es tun, um die Arme aus=

6

ruhen zu lassen, und blickt hinauf zum o tzuki sama, dem erhabenen Mond, und die Haltung seines geschorenen Kopfes, die Linie des Nackens, die Ruhe seiner Pose, alles verrät den Meister im Betrachten und die Übung eines Lebens im Hinsehen.

Im Stern des Bootes steht unser kupfer- roter Bootsmann auf einer erhöhten Planke und handhabt sein langes Ruder, das sich knarrend um einen Zapfen dreht. Das Boot ist leicht, flach, mit einem langen, über der Wasserfläche liegenden Schnabel, und schaukelt sich langsam vorwärts. Als Schiffslaterne haben wir eine Papierlampe.

Das schlafende Städtchen zieht lang- sam vorüber. Alles ist fremd hier, die Silhouetten der Häuser und Bäume und der zusammengerückten, steilen Hügel. Es ist still, nur unser Ruder knarrt, und zuweilen begegnet uns eine Gunka mit Fischern; sie knarrt heran, knarrt vorbei, und wir hören sie noch knarren, wenn sie unseren Blicken längst entschwunden ist. Das Meer leuchtet. Das Ruder wühlt in Feuer, glühende Funken sprühen am

Schnabel des Bootes empor, und wenn ich die Hand in das warme Wasser tauche, so erscheint sie wie eine funkelnde Geisterhand. Aoi‹hi nennen die Japaner das Meerleuchten — das grüne Feuer.

Wir legen an, lautlos, und lautlos schreiten wir durch schlafende, toten‹ stille Gassen.

Plötzlich aber wird es tageshell, Lärm, Lachen, Gesang: die Teehausstraße! Hunderte von Papierlampen mit ihren samtschwarzen Ideogrammen schimmern in der heißen Nacht, die Menge wimmelt, die ganze Straße fiebert vom Anfang bis zum Ende. Die Holzschuhe klappern und klingen, das Klimpern der Samisen und der wirkliche Gesang der Sängerin‹ nen dringt aus den Teehäusern, aus dem Theater tönt der wirre Lärm der Tra‹ gödie, Schreie, Beifall, aus den Badehäusern steigen Dampfwolken und klingt das Lachen von Männern und Frauen. Händ‹ ler, den fliegenden Laden an einer Stange auf der Schulter, bahnen sich den Weg durchs Gewimmel und rufen singend ihre

8

Waren aus, die Kuchenbäcker gießen den Teig über das Backblech, daß es zischt und knattert, und backen blitzschnell ein Heer der unglaublichsten Kuchen, die wie Seife aussehen und wie Zahnpulver schmecken. Ein halbnackter, schwarz= brauner Eishobler hobelt in einer Ecke im Schweiße seines Angesichts Eis. Die braunen Söhne Japans drängen sich an die Holzgitter, hinter denen die Sehn= sucht ihrer Wünsche kauert — geputzte Mädchen mit weißen Zähnen und schwar= zen Pechaugen. Chaya reiht sich an Chaya, da liegen sie alle und locken: Kai=gan=ro, Die Seebucht, Gui=ka=ro, Trunken von Blumen, Nichi=ei=ro, Jeden Tag in Blüte, Asahi=ro, Morgensonne, und wie sie sonst heißen mögen. Ai=to= ka=ro, Du erwartest sie zu sehen? ist der Name eines Teehauses in Maizuru, mit dem es von General Ito getauft wurde; denn es ist Sitte, die schmeichelhaften Bezeichnungen hoher Gäste zu adop= tieren. Diese Chayas sind Teehäuser, Tanzhäuser und Freudenhäuser, und in

11

allen ist auf Wunsch alles zu haben, sie alle sind Stätten der Lust, Schönheit und Jugend.

Jeden Abend zünden sie ihre geheim= nisvollen Lampen an, und in jeder Nacht fiebert die Teehausstraße in all den tau= send Städten Japans wie heute. Denn sie ist der heiße, trunkene Traum einer jeden schlafenden japanischen Stadt.

Unser Teehaus aber heißt Yamanaka, das Innere des Berges, und liegt am Ende der Straße.

Yamanaka.

Yamanakas Lampen brennen, das Innere des Berges aber liegt noch still und dunkel, und unser Eintritt vermag es nicht zu erwecken.

Im finstern Vorraum kauert ein Schatten, der Teehausbesitzer, vor seinem Kohlenbecken, die ewige Pfeife im Mund. Wir grüßen leise im Vorbeigehen, aber der Schatten antwortet nicht. Er verneigt sich nur und läßt jenes leise Schlürfen hören, das durch das Einziehen des Speichels entsteht und die äußerste Höflichkeit und Ergebenheit ausdrückt. Eine kleine Magd schlüpft aus der Dunkelheit und trippelt vor uns her. Wir gehen an einem anmutigen Hausgärtchen voller Spielereien vorbei, legen die Schuhe ab und klettern eine schmale, steile, glatte Treppe ohne Geländer empor in das obere Stockwerk.

13

Die Räume hier oben sind vollkommen leer und Matten und Holzwerk so glatt und neu, als habe niemand vorher sie betreten. Die Magd schiebt die soshis beiseite, so daß aus zwei Zimmern ein einziges großes Gemach entsteht, sie entnimmt einem Wandschrank Kissen und legt sie auf die Matten, für mich bringt sie noch ein kleines Bänkchen aus poliertem Holz, auf das der erhabene Gast seinen Arm stützen kann. Wie gewöhnlich zwingt mich die hartnäckige Höflichkeit meiner Begleiter, den Ehrenplatz einzunehmen, d. h. jenen Platz, der dem in der Nische hängenden Kakemono am nächsten ist. Wir kauern uns nieder und schweigen.

Yamanaka aber beginnt zu erwachen!

Scharen kleiner brauner Mägde trippeln ein und aus. Sie bringen Lampen, Kohlenurnen, in denen wir unsere Pfeifen und Zigaretten anzünden können, ein kleines Tischchen aus Lack, eine Spanne hoch, Väschen mit Sake, Schalen und Schälchen, Apfelschnitze und Zahnstocher, Orangen,

Eier, geröstete kleine Kuchen, die wie Baumrinde aussehen und genau so schmecken, und hundert andere Kleinigkeiten. Dann sind wir wieder allein und warten.

Ich stehe auf und betrachte mir das Kakemono in der Nische, das einen der sieben Glücksgötter darstellt, ich sehe mir im Nebenzimmer eine Malerei an: der Aufzug eines Daimyos mit Feldzeichen, Rittern, Kasten und Sänften, eine wunderbare alte Arbeit. Dann setze ich mich wieder.

Es ist heiß und still, draußen in der Bai knarren die Ruder, der wirre Lärm der Teehausstraße dringt zu uns herauf.

Nao-san klopft eine Pfeife aus und beginnt, allezeit bemüht aufmerksam und belehrend zu sein, zu sprechen:

„In den meisten Teehäusern befindet sich eine Katze, eine Katze aus Holz geschnitzt", sagt er und schließt mit einem Lächeln, das meine Neugierde herausfordern muß.

„Weshalb?" frage ich.

„Sie soll die Gäste anlocken. Sie macht die Bewegung des Winkens mit der Pfote. Sie wird sehr hoch geschätzt und sogar angebetet."

Und er erzählt mir, eine kleine Geschichte, die ich hier anfügen will, da wir doch noch etwas warten müssen, bis die Tänzerinnen sich geschmückt haben oder aus der Nachbarschaft herbeigerufen werden.

„In einer Stadt befanden sich zwei Kuchenbäckereien, die eine beschäftigte fünf Gehilfen und die andere machte gar kein Geschäft, so wie es immer ist. Zufällig nun kam aber der berühmte Bildschnitzer Hidari Jingoro in diese Stadt und trat in den armen Kuchenladen. Er bestellte mochi, aß und fragte: „Warum geht Ihr Laden so schlecht?"

Die Besitzerin antwortete: „Früher blühte mein Geschäft, aber seitdem mein Mann tot ist, hat mich die Kundschaft verlassen und begünstigt den anderen Kuchenbäcker. Er wird reicher und reicher, und ich werde täglich ärmer. Ach!"

16

2*

Darauf entgegnete Hidari Jingoro: „Ich will deinen Laden berühmt machen."

Er verlangte ein Stück Holz, und ehe die Frau sich umdrehte, hatte er auch schon eine kleine Katze daraus geschnitzt. Er übergab sie der Witwe und sagte: „Nimm die Katze und dein Geschäft wird blühen!"

Hierauf bezahlte er seine Kuchen und legte das Geld vor die Katze.

Sobald aber diese Katze das Geld erblickte, ergriff sie es augenblicklich und legte es in den Geldkasten.

Es braucht nicht weiter gesagt zu werden, daß diese wunderbare Katze alle Leute anzog und jeder Kuchen kaufte, um zu sehen, wie sie das Geld einkassierte. Schließlich hörte der Daimyo von dem Wundertierchen und brachte die berühmte Katze in seinen Besitz, wofür er der Witwe eine Rente aussetzte.

Dies ist also der Grund, weshalb man in den Teehäusern eine Katze findet; sie heißt maneki nego, die „hereinrufende Katze".

„Sie ist mit Bändern und oft mit einem Ringe geschmückt", fügt Nao-san hinzu.

Das Geräusch von Gewändern läßt uns aufsehen: auf der Schwelle knien drei Tänzerinnen und verneigen sich bis zum Boden.

Wir erwidern ihren Gruß, und ich winke ihnen einzutreten. Schönheit, Jugend und Feierlichkeit bringen sie in den Raum.

Ichiko, Kojako und Fukuko.

Die Tänzerinnen treten lautlos ein, sie verneigen sich nochmals vor mir, die Stirn bis zur Matte beugend, und nehmen Platz.

Meine Lieblingstänzerinnen Kojako, der „kleine Kerl", Ichiko, die „Einzige", die „Erste", lassen sich zu meinen Seiten nieder, während Fukuko, die „Glück= liche", in der Nähe des Großvaters nieder= kniet. Fukuko ist ebenfalls meine Lieb= lingstänzerin, aber sie macht sich nichts daraus, nur zuweilen sitzt sie auf meinem Schoß, eine Vertraulichkeit, die erlaubt ist, denn Fukuko ist nur zwölf Jahre alt.

Die Tänzerinnen sitzen nicht wie wir, im Türkensitz, sondern sie knien auf der Matte und nehmen nie ein Kissen an, so oft man es ihnen auch anbietet. Sie

21

plappern ein wenig, da wir bekannt sind,
Kojako stimmt die Samisen, Fukuko die
Trommel, Ichiko dagegen schenkt uns
allen Sake ein.

Sie sind keine reichen Tänzerinnen mit
goldenem Tand und Schildkrotpfeilen in
den Haaren, in starrer Seide, mit Gürteln
und Schleifen wie Schmetterlingsflügel,
die bis zum Boden herabhängen. Sie sind
einfach gekleidet, einige Schnüre und
künstliche Blumen tragen sie in den
Haaren, die wunderbar frisiert und auf»
gebaut sind. Fukuko trägt ein Kimono
aus billigem blauen Stoff, mit Schmetter»
lingen und kleinen Fächern darauf, Ichiko
ein himbeerrotes Kleid mit Blumen»
mustern, nur Kojako trägt Seide, ein
zartes Silbergrau. Sie ist die älteste und
zählt fünfundzwanzig Jahre. Für eine
Geisha in diesem Alter ziemen sich nicht
mehr die bunten Farben der Jugend. Sie
ist übrigens die einzige Geisha von den
dreien, Ichiko und Fukuko sind nur mai»
kos, Tanzmädchen, und sie werden erst
zu Geishas avancieren, wenn sie ihre

22

Gunst einem Manne geschenkt haben werden. Als maikos genießen sie nur den zehnten Teil der Achtung, die einer Geisha gebührt.

Kojako ist die geschickteste Tänzerin der kleinen Stadt Miyazu, sie ist die oberste Geisha in Yamanaka. Sie ist gereift, Erfahrung und Weisheit, sie lächelt klug mit ihren braunen, sanften Augen, die ohne Lider zu sein schienen. Sie wäre schön, wenn nicht ihr halber Mund voller Goldzähne wäre. Ihre Unterlippe ist rot gemalt, ihr schmales Gesicht und ihr Hals weiß gepudert, gegen die Stirn zu schlägt ihre braungelbe Gesichtsfarbe durch. In den prachtvollen, pechschwarzen Haaren trägt sie golddurchwirkte Schnüre, Troddeln, Nadeln und Rosetten.

Sie liebt ihre billigen Ringe und raucht mit großer Geschicklichkeit ihre dünne Messingpfeife. Ab und zu nimmt sie ein kleines Etui aus dem Gürtel und blickt in den Spiegel, pudert sich mit gepudertem Papier und färbt sich die Lippe an einem kleinen Büchlein.

Ichiko ist zierlich, ihre Züge sind edler als die Kojakos, sie hat ein feingezeich= netes Profil, und ihre Augen, die wie Pechtropfen glänzen, stehen auffallend schräg gegeneinander. Sie ist sechzehn Jahre alt und so klein wie Kojako, sie reicht mir kaum bis an die Brust. Zuerst liebte ich Kojako, aber als ich Ichiko er= blickte, wandte ich ihr meine Liebe zu, denn sie erschien mir wie eine schmale Mondsichel. Sie ist imstande, all die feinen Linien und verrenkten Posen der japanischen Meisterholzschnitte in einem einzigen Lächeln, einer einzigen Bewe= gung zu vereinigen.

Der Austausch unserer Sympathien geschieht zumeist durch Gesten, und Ichiko hat es ein für alle mal in ihrem Herzen beschlossen, mir zuzunicken, so oft ich sie ansehe.

Sie ist sehr kindlich. So oft im Theater jemand ermordet wird, wendet sie sich ab, ja sie weint sogar. Kojako dagegen schwelgt in Mord und Blut. Sie liebt ebenfalls ihre Ringe, und als ich einmal

一子

ICHIKO

ihren schönsten Ring an meine Hand steckte, zerdrückte sie eine Träne in den Augen.

Fukuko, das Kind von zwölf Jahren, ist noch viel kleiner, aber stämmiger gebaut. Sie erinnert an eine Katze. Ihr Kopf ist rund, die Backenknochen sind stark herausgedrückt, die Backen aufgeblasen, Simpelfransen hängen ihr bis herab auf die großen runden Augen, die immer fiebrisch und wild glühen. Ihr Gesicht und ihr Hals sind stets mit Kreide anges strichen, ihre Backen sind rot gefärbt, im Nacken und an den Schläfen hat sie Paare von langen braunen Zacken, ihre Hautfarbe, die der Pinsel frei ließ.

Fukuko ist der Liebling aller, eine kleine Canaille und dabei Champion im Trommelschlagen. Sie trommelt ganze Gewitter. Sie ist auch eine Meisterin im Tanzen.

Ihre Stimme ist rauh, sie kläfft wie ein Hund, sobald man sie anspricht, für ges wöhnlich aber knarrt sie wie ein Frosch, denn sie kaut stets ein Stück Gummi.

Alle meine drei Tänzerinnen sind gut=
mütige Kinder, lieblich und anmutig,
gewinnsüchtig und berechnend, sie sind
nicht klug, aber auch nicht dümmer als
Mädchen gewöhnlich zu sein pflegen.

Alle drei sind große Künstlerinnen,
und ich verehre sie deshalb.

Die Geisha.

Im allgemeinen genießt die Geisha keine sonderliche Achtung, wenn sie auch auf einer höheren Stufe steht als die Dirne. Sie steckt den Fuß in den Schmutz, sagt man von einem Mädchen, das ins Teehaus geht, und wenn sie es verläßt, so sagt man, sie zieht den Fuß aus dem Schmutz heraus. Heiratet sie jedoch, so ist die Vergangenheit ausgelöscht, und sie genießt, ebenso wie die Dirne, die gesellschaftliche Stellung des Gatten.

Es ist für eine Familie eine große Schande, wenn die Tochter sich dem flatterhaften Leben einer Tänzerin zuwendet, und für gewöhnlich gehen die Geishas aus armen und niedrigen Familien hervor, die sich von ihnen unterstützen und erhalten lassen wollen. Es

29

geschieht auch zuweilen, daß sich die Tochter für die ins Elend geratene Familie opfert und sich an ein Teehaus als Tänzerin oder Dirne verkauft.

In der Regel tritt das Mädchen schon mit sechs Jahren in die Lehre. Sie muß feine Sitten und Bewegungen erlernen, das ganze Lexikon des japanischen Anstandes, Gehen, Sitzen, Geben, Nehmen, Grüßen, Kleiden, sie muß das Arrangement der Blumen, die komplizierte Teebereitung üben. Sie lernt das Schlagen der Trommel, der Taiko. Mit acht Jahren beginnt der Unterricht im Spielen der Samisen und im Tanz. Sie erlernt jene hundert Bewegungen der Hände, der Arme, Stellungen des Körpers und des Kopfes, das Spiel des Fächers, die Elemente, die in jedem Tanz wiederkehren. Sie lernt die Texte und den Gesang. Die Stimme der Japanerin ist lieblich und zart, aber die japanischen Anschauungen verlangen die Stimme der Sängerin hart, ehern und rauh. Das wird auf dem einfachsten Wege erreicht.

30

Im kältesten Monat, kan, muß die kleine Geisha im frühesten Morgengrauen bei offener Tür in den Frost und Nebel hinaussingen, bis die Sonne aufgeht. Dadurch verliert sie vollkommen die Stimme. Sie wird heiser, sie spricht nicht mehr, sie kreischt, sie singt nicht mehr, sie miaut und schreit, und somit ist sie für den japanischen Gesang geeignet.

Sie lernt die Tsutsumi spielen, eine Handtrommel, einer großen Sanduhr ähnlich, die mit den Knöcheln geschlagen wird. Sie muß imstande sein, drei solcher Trommeln gleichzeitig zu halten und zu schlagen.

Ist sie besonders begabt, so wird sie sich im Spiel des Kokyu üben, einer Art Geige, die mit einem Bogen aus Roß= haaren gestrichen wird, und zuletzt wird sie das schwierigste Instrument ver= suchen, Koto, ein Saiteninstrument, eine Art Sarg mit dreizehn Saiten, die gezupft und geschlagen werden. Das Koto wird sonst nur von den Töchtern Vornehmer gespielt.

Ist das Mädchen ungeschickt, so wird der Teehausbesitzer es den Eltern zurückschicken, verspricht es Erfolg, so wird er die Ausbildung vollenden. Die junge Geisha wird dann einige Jahre in seinem Teehaus umsonst tanzen, später wird er den Eltern für drei Jahre 100 Yen bezahlen oder 300, und wenn die Geisha eine besondere Anziehungskraft ausübt, auch mehr. Oder ein anderes Teehaus wird sie zu gewinnen suchen, eine andere Stadt. Die Geisha selbst bleibt arm. Ihre Eltern schlürfen Tee, rauchen, fächeln sich, betrachten die Kirschblüte und den Mond, sie arbeitet und gibt ihnen jeden Pfennig, den sie an Geschenken erhält.

Die junge Geisha wird einen verlockenden und besonders schön klingenden Namen erhalten. Der Teehausbesitzer wird sie die Erste, die Reichste nennen, oder er wird sie heißen Umeka, der Wohlgeruch der Pflaume, Haruka, der Duft des Frühlings, Koteru, der kleine Glanz, Yoneryo, der Reisdrachen, Susuju, die tapfere Glocke, Odafuku, die Häß-

うた

uta

liche, Harusuke, die Frühlingshilfe, Hana=
rato, die Blume der Heimat, Shimekichi,
die Glückstochter, Senmatsu, tausend
Fichten, Chiyo, tausend Generationen,
Emika, der lachende Glückwunsch,
Umeha, das Pflanzenblatt, Umezuru, der
Pflaumenkern, oder er wird sie „weißer
Schnee" oder „kleiner Schmetterling"
oder „Schildkrötenfichte" heißen.

„Weißer Schnee" oder „Schildkröten=
fichte" wird alsdann an die Gasthäuser
und reichen Leute der Stadt einen Ein=
führungsbrief senden, mit äußerster
Sorgfalt auf feines Papier geschrieben:
„Weißer Schnee" ist Tänzerin im Tee=
haus Morgensonne und empfiehlt sich
der Gunst des erhabenen Herrn. Sie wird
vielleicht auch Geschenke mitschicken,
Reis oder Handtücher, auf die ihr Name
geschrieben ist. Weißer Schnee und
Schildkrötenfichte wird persönlich Be=
suche in den Gasthäusern und Häusern
der Reichen machen, begleitet vom Tee=
hausbesitzer, einem Diener, der den
Sonnenschirm über sie hält, und einer

Magd, die einen kleinen Korb mit den Visitenkarten der neuen Tänzerin trägt. So wird sie dahintrippeln durch die schmalen Gassen der Stadt, verfolgt von den lächelnden Blicken der Leute, geschmückt wie eine Prinzessin, die Augen geradeaus gerichtet, und Wohlgerüche von Parfüm, Puder und Lack werden von ihr ausströmen. Der Teehausbesitzer wird sich vor dem Wirt des Gasthofes verbeugen und sprechen: O erhabener Herr, ·ich nehme mir die Kühnheit, Schildkrötenfichte vorzustellen, eine ganz ausgezeichnete Tänzerin, die ich Ihrer hohen Gunst zu empfehlen mich erdreiste. Der Wirt wird schlürfen und sich räuspern und die Herrschaften hereinbitten. Der Teehausbesitzer wird schlürfen, die Worte werden ihm im Halse stecken bleiben. Schildkrötenfichte wird aus dem Getas schlüpfen, die Stufen emporsteigen, niederknieen und sich verbeugen, daß die Stirn den Boden berührt und man ihren prächtigen Haarschmuck und ihren kostbaren Gürtel sieht.

In den nächsten Tagen wird eine Einladung stattfinden, und Schildkrötenfichte wird zeigen, was sie kann. Sie wird nie aufmerksamer tanzen als in dieser Stunde.

Weißer Schnee und Schildkrötenfichte werden dann mit Pflaumenblatt und Pflaumenkern im Teehaus Morgensonne leben, und Pflaumenblatt und Pflaumenkern werden, wenn sie älter sind, ihre Tänze mit der Samisen begleiten und sie bevormunden. Der dumpfe Klang der Trommel, das Klimpern der Samisen, der Duft von Sake, inmitten von Lärm und Lustbarkeit werden sie dahinleben.

Gott weiß, was sie in den vielen, vielen Tagen und Nächten tun, da keine Gäste kommen und das Teehaus verödet ist. Meisterinnen im Wachen und Stillschweigen, werden sie wohl Meisterinnen im Schlafen und Schwätzen sein. Sie werden an jedem Tag etwas zur Übung tanzen, singen und spielen, sie werden stundenlang in den öden, leeren Räumen kauern und sich die Fingerspitzen über den glimmenden Kohlen wärmen und die kleine Pfeife rauchen. Sie werden halbe Tage brauchen, um die Frisuren zu bauen, und wenn sie schlafen, werden sie sich einen schmalen Block ins Genick legen, um diese Frisuren nicht zu verderben.

Sie werden Geld einheimsen und es den Eltern bringen, sie werden den Sohn des Seidenhändlers ausplündern und den Besitzer des Badehauses vollkommen ruinieren, sie werden Geld aus dem armen Seemann herauslocken, der sich einen schönen Abend gönnen will. Sie werden gehorsam sein, und wenn der Gast sagt: yoroshii, schön, es ist gut, so werden sie gehen, und wenn er sie ruft, werden sie kommen.

Die Jahre sind gegangen, und was ist aus ihnen geworden? Pflaumenkern hat den Fuß aus dem Schmutz gezogen und einen Schirmfabrikanten geheiratet, Pflaumenblatt dagegen widerfuhr ein selteneres Glück, ein Glück, das nur zweimal in einem Jahrhundert vorkommt: ein reicher Schiffsherr hat sie

zu seiner Geliebten erkoren, er hat fünf=
hundert Yen an die Familie gezahlt und
ihr ein unbeschränktes Konto eröffnet.
Dadurch erkaufte er ihre Treue, und sie
ließ sich zum Zeichen, daß sie einem ein=
zigen Manne gehöre, die Zähne schwarz
beizen. Weißer Schnee hat ein lustiges
Leben geführt, einige Liebeleien hat sie
gehabt, eine ernste Leidenschaft mit
einem schönen Schauspieler, dann starb
sie plötzlich, im Alter von 23 Jahren.
Die ganze Teehausstraße geleitete sie zu
Grabe; an diesem Tage war Morgen=
sonne geschlossen, am nächsten Abend
aber dröhnte die Trommel, die Samisen
schrillte, und die Freundinnen wiegten
sich wie das Schiff und sangen: sassa
yo yassa, und klatschten in die kleinen
Hände.

Schildkrötenfichte aber hatte weder
großes Glück noch großes Unglück. Sie
hatte verschiedene Liebhaber, sie tanzte
tausendmal den Urashima mai und tau=
sendmal den Shaberi Yama=Uba mai.
Nachdem sie zum Tanz zu alt wurde,

spielte sie die Samisen von fünfundzwanzig bis dreißig, dann zog sie sich
zurück und wurde Agentin für Teehäuser
und Lehrerin. Sie starb im Alter von
73 Jahren und die Teehausstraße trug sie
zu Grabe. Ihre Schülerinnen betrauerten
sie, und an jedem Todestage der Lehrerin
tanzten sie ihr zu Ehren öffentlich im
Theater, ein kleines Holztäfelchen mit
Schildkrötenfichtes Namen stand auf
der Bühne. — — —

Unterdessen aber hat sich der Raum
mit einem halben Dutzend anderer Tänzerinnen gefüllt, die Samisen erklingen, die
Trommel dröhnt und Kojakos schrille
Stimme erschallt.

Ein unbeschreiblicher Lärm ist losge-
brochen. Ichiko erhebt sich zum Tanze.

Ich reiche dem Großvater eine Schale
Sake und setze mich zurecht.

„Sie wird den Urashima mai tanzen",
sagt Nao-san.

Urashima mai.

Urashima mai, der Tanz des Fischerknaben, ist ein ebenso berühmter wie populärer Tanz. Man bekommt ihn in jedem Teehause zu sehen. Ihm liegt die Fabel von einem Fischerknaben zugrunde, der Mitleid mit einer von seinen Spielgefährten gefangenen Schildkröte hat, sie freikauft, und zum Dank dafür von ihr herab in das Reich des Meergottes, dessen Dienerin die Schildkröte ist, getragen wird.

Hier auf dem Grunde des Meeres lebt er mit der Tochter des Meergottes in immergrünen Gärten und zauberhaften Palästen ein Leben voll Liebe und seliger Freuden. Aber Urashima wird von Sehnsucht nach seinen Eltern verzehrt und bittet seine Geliebte um die Erlaubnis, auf einige Tage zurückkehren zu dürfen. Die

43

Geliebte gewährt ihm die Bitte und gibt ihm eine kleine Schachtel mit der wieder= holten Mahnung, sie ja nicht zu öffnen. Urashima steigt in das heimatliche Ge= stade, aber siehe da, alles erscheint ihm fremd. Fremde Leute, fremde Hütten, die Hütte seiner Eltern steht nicht mehr. Er glaubte ja, nur einige Tage im Reiche der Geliebten verlebt zu haben, aber viele, viele hundert Jahre sind seitdem verstrichen. Er ist entsetzt und erwartet, daß der Zauber sich lösen werde, wenn er die Schachtel der Geliebten öffne.

Im gleichen Augenblick aber wird er alt, seine Züge verfallen, sein Haar wird schneeweiß, sein Rücken krümmt sich. Er taumelt und sinkt entseelt nieder.

Eine zarte Wolke zieht über das Meer, dem Reiche der Seegöttin zu.

Noch heute genießt Urashima die Ver= ehrung eines Heiligen, und die Fischer beten zu ihm um reichen Fischfang. —

Kojako singt mit schriller, ohrenzer= reißender Stimme und spielt die Samisen, einige Samisenen begleiten sie zupfend, während Fukuko mit aller Gewalt die Trommel bearbeitet.

Ichiko tanzt.

Sie hat einen kleinen Kasten vor sich auf den Boden gestellt und tanzt Ura-shimas Freude und Glück. Es ist Ura-shimas Verwunderung über die Schönheit des Reiches dadrunten im Meere, die sie wiedergibt. Sie besieht sich die Blumen, dreht den Fächer um den Finger, sie fächelt sich Kühlung zu. Sie drückt in schönen, sanften Posen seine Freude und sein Entzücken aus. Sie kniet nieder, be-wegt den Fächer hinter dem Kopfe, den linken Arm ausgestreckt mit der kleinen Hand, deren Finger wohlberechnete Stellungen einnehmen. Sie schüttelt kaum merklich den Kopf. Sie verfolgt einen Schmetterling mit dem Fächer, aber wie sie sich auch wendet, er entgleitet ihr immer. Niemals Hast, stets Ruhe. Eine Pose gleitet sanft in die andere über. Die Bewegung der Füße, die in das Kleid ein-gezwängt sind, ist kaum zu bemerken, und wenn sie den Schmetterling verfolgt, so bewegt sie sich wie auf unsichtbaren kleinen Rädern über die Matten, vor und zurück, nach links und rechts; sie schiebt sich mit den Zehen und Fersen fort, und immer hat sie dabei den Blick geradeaus gerichtet und der Fächer vibriert in ihrer Hand.

Zuletzt kniet sie bei der Schachtel nieder und öffnet sie. Sie taucht das Gesicht hinein, und als sie es wieder erhebt, trägt sie eine kleine Maske (die sie mit den Zähnen festhält), ein altes, uraltes, verschrumpftes Gesicht mit langen weißen Baarthaaren und überhängenden weißen Brauen, ein lächelndes Greisengesicht. Sie erhebt sich und geht in kleinen, müden Tanzschritten im Kreise, die Hand auf dem gekrümmten Rücken. Sie legt die Hand an das Kinn und bewegt verwundert das lächelnde kleine Greisengesicht hin und her.

Sie legt die Maske ab, und mit einigen schönen ruhigen Figuren schließt der Tanz.

Wir alle spenden Beifall, und Ichiko ist glücklich darüber.

Der Großvater, der Meister im Zu=
sehen, sitzt noch immer und betrachtet.

Ichiko kniet wieder an meiner Seite
nieder. Ich sehe sie an und sie nickt
mir zu.

Kleine Ichiko, denke ich, was soll ich
dir schenken für deine schönen Tänze?

Sie nickt mir nochmals zu.

„Weshalb aber wird Urashima plötzlich
so alt, als er in die Schachtel blickt?“
frage ich Nao=san.

Nao=san denkt nach, wobei mich zu=
weilen sein Blick streift, dann sagt er
lächelnd:

„Ich denke, es ist die Luft; die Luft
von vielen, vielen hundert Jahren war in
der Schachtel.“

Hier aber schreit mir Fukuko etwas zu,
und ich bemerke, daß der Großvater mir
eine Schale reichen will.

Im Nehmen und Reichen einer Sake=
schale kannst du zeigen, ob du ein
wohlgebildeter Mann oder ein einfacher
Lümmel bist.

Ich verbeuge mich und nehme die Schale auf die Fingerspitzen der rechten Hand, die ich am Gelenk graziös mit den Fingerspitzen der linken unterstütze. Der Großvater gießt Sake aus dem Väschen in meine Schale. Aber sobald er einzu= gießen beginnt, mache ich schon ein besorgtes Gesicht: um Gottes willen, zuviel, zuviel! und sobald er richtig einschenkt, bewege ich die linke Hand unter der Sakeschale, als ob ich Tropfen auffange und nur mit Mühe halten könne: Halt! Halt! Sehen Sie nicht, daß es schon überläuft?

Das verlangt der Anstand.

Ich nehme die halbvolle Schale nun zwi= schen die Fingerspitzen der beiden Hände und führe sie, indem ich mich leicht ver= beuge, gegen die Stirn. Dann an den Mund.

Nun aber keine Zeit versäumt! Mit einer Eile, die würdig bleibt, spüle ich sofort die Schale in einem Gefäß reinen Wassers und überreiche sie mit einer Verbeugung, sie abermals leicht der Stirn nähernd, dem Alten.

4°

Er schlürft, läßt einen kleinen Schluchz=
laut hören und ergreift die Schale mit
dem nötigen Zeremoniell.
Die Trommel dröhnt. Vorwärts.
„Kojako soll den oni=mai tanzen."

Oni≠mai, der Teufelstanz.

Die Begleitung lautet:
In der Mitte von Roshomon (Name eines buddhistischen Tempeltores) kamen drei Teufel zusammen. Sie standen hinter≠einander, der Teufel an der Spitze war rot, der in der Mitte war blau und der letzte gefleckt.

Der Rote erzählt:
Als ich zum erstenmal auf der Erde erschien, es war in der Neujahrsnacht, belustigte ich mich damit, den Mägden beim Kuchenbacken zuzusehen. Dabei aber glitt ich aus und brach mir ein Horn.

Der Blaue erzählt:
Als ich zum erstenmal in Jugoko (Hölle) war, traf ich auf ein altes Weib, das in einem Flusse, Shogugawa, wohnte. Ich setzte es mir in den Kopf, sie zu gewinnen, und schlich mich um Mitternacht auf allen vieren zu ihrem Bett. Aber ich kam schlimm an, ich wurde hinausgeworfen.

Der Gefleckte erzählt:

Als ich mit dem Donner vom Himmel fiel (die Dämonen fallen mit dem Donner aus den Wolken zur Erde), brach ich mir einen Hüftknochen, und ich war gezwungen ins Hospital Nanba zu Osaka zu gehen, um mich kurieren zu lassen. Jetzt geht es mir schon wieder besser.

Ohne den Text würde man kaum ahnen, daß der Tanz das Mißgeschick von drei armen Teufeln illustriert. Der japanische Tanz verbietet realistische Darstellung und mildert sie zu bloßen flüchtigen Andeutungen, die im Rhythmus sanfter Bewegungen und entzückender Posen verschwinden.

Die Tänzerin deutet durch ihre zwei mit reizender Geste über die Nase gehaltenen Zeigefinger an, daß sie einen Teufel darstellt, sie streckt einen Moment die Zunge heraus, sie schielt etwas, das ist alles. Überdies gibt diese Beschreibung ein zu klares Bild. Jene absonderlichen Bewegungen sind so kurz und flüchtig, daß sie jeder oberflächliche Beobachter übersehen müßte.

53

Die Tänzerin unterbricht den Fluß des Tanzes, sie legt sanft die Hand an den Kopf und zeigt dadurch an, daß der Rote ein Horn gebrochen hat. Sofort geht der Tanz zur Darstellung des Blauen über, und für einen Augenblick schleicht die Tänzerin auf allen vieren.

Beim Befleckten läßt sie sich auf den Boden fallen und wiegt sich hin und her und macht ein komisches erschrockenes Gesicht. Aber als sie sich wieder erhebt, kann sie nur noch auf einem Bein tanzen und reibt sich mit jämmerlicher Gebärde die Hüfte.

Wir lachen, klatschen Beifall. Wir wechseln Sakeschälchen, essen Apfel=schnitze an Zahnstochern und knappern die harten gerösteten Kuchen, die so groß wie Briefmarken sind.

Die Tänzerinnen sind keinen Augenblick müßig. Sie gießen Sake ein, reichen glim=mende Kohle für die Zigarette, die Sa=misenen schrillen, die Trommel dröhnt, und Tanz um Tanz entsteht vor unseren Blicken wie auf einer Zauberbühne.

54

Sarashi no mai,

der Tanz des Wäschebleichens.

In welch hohem Maße dieses Volk von künstlerischen Instinkten durchdrungen ist, zeigt sich darin, daß es eine so einfache und alltägliche Beschäftigung, wie die des Wäschebleichens, zum Thema eines Tanzes wählen konnte. Und gerade dieser Tanz ist ein Brillant an Schönheit und Schliff.

Der Schöpfer des Tanzes ist Tanjuro, Japans berühmtester Schauspieler, der vor wenigen Jahren starb. Das Gedicht, das ihm zugrunde liegt, ist sehr schlicht:

Am Flusse Tama ist ein Platz, Noji genannt, wo die Blumen in das Wasser hängen, und das Wasser rieselt über sie: da will ich euch zeigen, wie ich die Wäsche bleiche.

Die Tänzerin tritt ein, die sanfte schlichte Grazie einer Japanerin in jeder Bewegung, fremd und feierlich, sie trägt ein Brettchen in den Händen, auf dem zwei Fächer mit langen zusammengefal- teten Schleiern liegen.

Die Samisen erklingt, und das Rieseln des Flusses, die Landschaft und der Frühling liegt in der Musik und in den weichen behutsamen Tanzschritten.

Sie setzt das Brettchen mit einer deli- katen Bewegung am Boden ab und er- greift die Fächer, wie man Wäsche auf den Händen trägt. Dann entfaltet sie die wassergrünen Schleier, die am Ende der Fächer befestigt sind, und läßt sie rieseln. Einzeln in jeder Hand, zusammen in einer Hand, in zarten Linien, wie ein Bach, der fließt, in raschen Bogen, wie ein Bach, der über Steine springt. Nach rechts, nach links, sie wendet sich, und die Schleier wehen über die Schulter zurück.

Sie faltet die Schleier zusammen und legt sie wie etwas Kostbares, langsam,

K Walser

mit köstlicher Gebärde der Hände auf das Brettchen.

Sie hebt das Brettchen zur Seite, legt die Hände auf den Boden und verbeugt sich, daß ihre Stirn die Matten berührt.

Der Tanz ist zu Ende.

Mein Begleiter flüstert mir zu, daß der Tanz auf Schuhen, die nur eine Stelze in der Mitte haben, getanzt werden soll.

Ich verstehe: der Schuh soll die Wiese andeuten, die eine Stelze soll ihn graziöser, raffinierter, schwerer und seltsamer machen.

Mats no mai,
der Tanz der Fichte.

Ich habe stets mit einer Art abergläu=
bischen Staunens jene hingehauchten
Bildwerke betrachtet, die die Türen von
Tempeln, Wandschirme, Kasten `etc.
schmücken. Es ist kaum etwas zu sehen,
kaum etwas Farbe, kaum eine Form, ein
Blatt, ein Bambusstab, ein Stiel, nichts.
Und doch ist es unvergeßlich köstlich;
das Spiel der Hand eines Meisters, der
glückliche Moment eines Pinsels. Ich
werde nicht mehr jene Woge vergessen,
die ich auf einer Schiebetür in einem
Tempel in Kioto sah, es war ja keine
Woge, es war nur die Linie einer
Woge, und ich, der ich das Meer kenne,
sah das ganze Meer in dieser schlichten
Linie.

An diese zarten, herrlichen Ornamente erinnerte mich der Tanz der Fichte.

Eine Reihe feiner Bewegungen, ein leises ruckweises Drehen des Kopfes mit den geradeaus, in die Ferne gerichteten Augen der Tänzerin, das Spiel des Fächers, das ist alles.

Einen Moment lang macht sie die Gebärde des Schreibens auf dem Fächer, wodurch sie die Abfassung eines Dokuments charakterisiert, von dem in der Fabel des Tanzes die Rede ist.

Diese Fabel aber ist, ganz wie der Tanz, ein kleines, zartes Märchen:

Mikado Tayu wird während der Falkenjagd vom Regen überrascht und sucht Schutz unter einem kleinen Fichtenbaum, dem einzigen Obdach weit und breit. Aber, siehe da, aus Achtung für den Kaiser beginnt der kleine Baum zu wachsen, und im Nu ist er groß und breitet seine Äste schützend über den hohen Gast.

Der Kaiser belohnt ihn dafür mit einem hohen Titel und einem hohen Rang, ja er verleiht dem Fichtenbaum den eignen Namen und läßt sofort ein Dokument darüber ausfertigen. Sodann ordnet er an, daß der Fichtenbaum in einem Tanz verherrlicht werde.

So schön und zart sind Japans Tänze und ihre Geschichte.

Sangoku Ichi mai.

Im Sangoku Ichi mai, der auch unter dem Namen Fujiyama mai bekannt ist, treten drei Gestalten auf, ein Mann, ein Mädchen, ein Wallfahrer.

Der interessanteste Teil ist der letzte, wo Odafuku, das häßliche Mädchen als Wallfahrer, erscheint.

Die Tänzerin trägt eine kleine Maske. Das ist Odafuku, die unter ihrem häß=lichen Gesicht leidet. „Unangenehmes" Gesicht nannte es mein Dolmetscher. Odafukus Gesicht ist klein und rund, eine unsagbar komische Larve, deren ewiges drolliges Lächeln Spott und Gelächter erregen muß, wo sie auftaucht. Es ist schneeweiß, mit dicken Pausbäckchen, winzigen Mausaugen, einer kleinen Stumpfnase und einem noch kleineren runden Mund. Es macht den Eindruck, als schnuppere Odafuku die ganze Zeit.

Die Maske ist kleiner als das Gesicht der Tänzerin und die bronzefarbene Stirn Kojakos blickt darüber hinweg, aber trotzdem ist die Täuschung so voll= kommen, daß man eine fremde Person zu sehen glaubt.

Das ist Odafuku! Ich lache. Ihr Ge= sicht erscheint mir wie das gepuderte Hinterteil eines Säuglings. Sie bewegt sich in den schönsten Linien des Körpers und der Arme, aber ihr Gesicht macht jede Bewegung komisch. Sie schnuppert und lächelt und scheint zu sagen: ich bin Odafuku, ich weiß es ja. Ach, lacht nicht, habt Mitleid! Ich leide so sehr darunter, daß alle lachen, wo immer ich erscheine.

Und sie kichert ein wenig, schnuppert und bittet: lacht nicht, ich muß sonst weinen.

Odafuku kniet nieder und tut, als blicke sie in den Spiegel. Sie pudert sich, sie malt die Lippen, sie zeichnet die Brauen. Ist es schon besser? Ja, ja, es ist schon besser! Noch ein wenig Rot, noch ein

wenig Puder. Sie wendet den drolligen Kopf hin und her und lacht in den Spiegel. Nein, nein! Nie wird es besser aussehen, niemals, mein Gesicht ist Odafukus Gesicht, für alle Zeiten.

Unglücklich und verzweifelt stößt sie den Spiegel weg.

Ich lächle. Alle sehen zu mir her, die Mägde, die Tänzerinnen, meine Gäste, welchen Eindruck der Tanz auf mich gemacht habe? Hahaha! Dann lachen auch sie, selbst der Großvater schüttelt sich vor Lachen.

Sanja no mai.

Wie merkwürdig aber ist doch der Mensch: dieselbe Maske übt im nächsten Tanz einen ganz anderen Eindruck auf mich aus.

Denn im Sanja no mai, dem Pilgertanz, stellt die Tänzerin (Fukuko tanzt) mit der gleichen Maske eine schöne Prinzessin dar.

Die Geschichte dieses Tanzes ist höchst merkwürdig und echt japanisch, denn wie sollte ein anderes Volk soviel Phantasie mit solcher Naivität verbinden können?

Amaterasu Omikami, das Licht des Himmels, die oberste Göttin Japans, hatte einen jungen Bruder, Susa=no=o Mikoto, dessen Extravaganzen sie so erzürnten und beschämten, daß sie beschloß, sich von der Welt zurückzuziehen. Sie verbarg sich im Meere hinter einem

68

Felsen in der Provinz Ise. Dieser Felsen, Iwato (d. i. „erscheint in der See"), ist noch heute zu sehen. Man wallfahrt zu ihm.

Sobald aber die erbitterte Lichtgöttin ins Meer gestiegen war, versank Japan in die schwärzeste Nacht. Das Volk zitterte und verging vor Angst und schrie zu den Göttern. Die Götter hatten Erbarmen und versammelten sich in der Provinz Ise, um zu beraten, durch welche Mittel die erzürnte Göttin aus ihrem Versteck herausgelockt werden könnte.

Und sie kamen überein, daß es das beste wäre, der Göttin ein Schauspiel zu geben. Sieben Instrumente, so dachten sie, Schlottern, Glocken, Flöten, Sami= senen, Trommeln etc., und Usumeno Mi= koto, die göttliche Prinzessin, berühmt wegen ihrer Schönheit, soll tanzen!

Die Götter hatten sich nicht getäuscht.

Sobald nämlich Amaterasu Omikami die Musik vernahm, Glocken, Schlottern, Trommeln, lugte sie hinter ihrem Felsen vor, und ein Lichtblitz zuckte über das dunkle Japan hin und beleuchtete die tanzende Usumeno Mikoto. Aber alles war bis ins kleinste vom Rat der Götter überlegt worden, und so kam es, daß Goriki no Mikoto, der Gott der Stärke, schon bereit stand, den Felsen zu zer= reißen, so daß das Licht breit und mäch= tig in die Dunkelheit hinausflutete.

Amaterasu Omikami aber verließ ihr Versteck, durch Usumeno Mikotos Schön= heit und Kunst versöhnt.

Was wäre sonst aus Japan geworden! „Man hätte es nicht mehr gefunden!“ sagte Nao=san.

Zum Gedächtnis dieses Ereignisses baute man in der Provinz Ise Tempel, und Tausende von Gläubigen wallfahren noch heute zu ihnen, um der Lichtspen= derin zu danken.

Die Tänzerin trägt Odafukus kleine Maske und bedient sich während des Tanzes einer Schlotter, die die sieben In= strumente verkörpert, und eines goldenen Fächers. Die kleine Maske erscheint mir jetzt als das anmutigste und lieblichste

70

Gesichtchen, das ich je sah, das Lächeln
ist das einer göttlichen Tänzerin, märchen=
haft und kindlich, geeignet, eine erzürnte
Gottheit günstig zu stimmen. Fukuko
tanzt herrlich, rührende Posen, anmutige
Verrenkungen der Arme und Hände, und
Amaterasu Omikami müßte kein Ver=
ständnis für den Tanz haben, würde sie
bei ihrem Anblick nicht allen Zorn und
Grimm vergessen.

Als Fukuko die liebliche Larve abnahm,
kam ihr kleines dickes Lausbubengesicht
wieder zum Vorschein und erschien drol=
liger und kecker als je. —

Unterdessen aber hat sich der Raum
mehr und mehr mit Tänzerinnen gefüllt.
Sie kauern nach allen Seiten im Kreise;
einige dummglotzende Mongolenköpfe
sind darunter, die mir nicht gefallen, und
eine süße, kleine Kinderleiche.

Es ist ein mir wohlbekannter Schlich
des Teehausbesitzers, nach und nach
immer mehr Tänzerinnen einzuschmug=
geln, für die ich am Schluß bezahlen muß,
für jede Tänzerin einen halben bis zwei

Yen die Stunde. Er wird sich die Freiheit
nehmen, sie mir als berühmte Tsutsumi=
spielerinnen oder Spezialistinnen eines
besonders interessanten Tanzes vorstellen
zu lassen, und spekuliert auf meinen
feinen Kunstgeschmack und meine Gut=
mütigkeit. Er holt sie aus allen Tee=
häusern zusammen, und dafür bekommt
er natürlich Prozente; denn in Japan wird
nichts ohne Prozente getan, es ist das
Land der Prozente. Auch Nao=san be=
kommt gewiß Prozente vom Teehaus
Yamanaka.

Ich wende mich an Nao=san, und er
richtet einige Worte an die Mädchen, und
ohne Zögern oder üble Mienen erheben
sich sofort all die dummglotzenden Mon=
golenköpfe und gehen, nur die kleine,
süße Kinderleiche darf sitzen bleiben.

Es sind auch noch zwei andere Gäste
angekommen, die auf der Schwelle
hocken. Unser Bootsmann, dem das
Warten zu lange wurde und dem die
Samisenen zu verlockend in die Ohren
sangen, und der Koch des Hotels, der

einen kleinen Spaziergang machte und wußte, wo wir zu finden seien. Ich winke sie herein, und sie kauern sich nieder, der Bootsmann mit dem kupferroten Schädel und den blendend weißen Zähnen, der Koch mit dem dicken, flachen Gesicht und der Brille auf der platten Nase, eine Art katholischer Geistlicher.

Der Lärm, der uns ununterbrochen umtobt, ist nicht zu beschreiben. Es ist schwer ein Wort zu wechseln. Fukuko trommelt ununterbrochen, die Samisenen klirren, Kojako singt, die maikos tanzen Gruppentänze, sie wiegen sich hin und her wie Blumen im Winde, sie knien lassen die Fächer vibrieren. Sie stehen auf, klatschen in die Hände, stoßen kleine wunderliche Schreie aus, schmiegen sich, wiegen sich, und die Farben ihrer Gewänder fließen ineinander. Der Bootsführer zeigt, daß er im Teehaus zu Hause ist und singt die Begleitung mit, wobei er seine Augen schließt und den Kopf zurückneigt. Sein Schädel glüht wie aus roter Lava geformt, Rauch steigt von ihm empor. Der Koch lacht, lacht. Es gibt Tänze, denen ganze Romane zugrunde liegen, Romane von Geishas, Dirnen und Verliebten, wie sie in Japan nicht selten vorkommen. Ein junger Mann verschwendet in einem Teehaus sein Vermögen, er wird enterbt, schleicht als Bettler ins Teehaus, sieht die Geliebte im Arm eines anderen, weint, klagt. Die Gespräche des Teehausbesitzers mit ihm: komm herein, trinke Sake, du hast soviel Geld hier gelassen, es macht nichts. Die Gespräche der Geliebten, die weint: ich bin selbst arm, du weißt es, ich muß Geld verdienen. Endlos. Zuweilen nehmen diese Romane ein schlimmes Ende, meist ein gutes. Ein Brief trifft plötzlich vom Vater ein: hier hast du tausend Yen, kaufe sie frei, bringe sie in unser Haus, wir wollen dich glücklich sehen.

Nun, wir wollen hoffen, daß sie glücklich werden und auf ihre Gesundheit trinken! Immerzu gibt es Schalen zu tauschen, mit dem Großvater, mit Naosan, mit dem Koch, dem Bootsführer. Ich

76

muß kleine Stückchen Kuchen und Apfel=
schnitze essen und Orangenscheiben, die
die liebliche Ichiko für mich häutet.

Ich biete ihr zum Dank Sake an, sie
lacht, sie nippt an der Schale. Tänze=
rinnen trinken sehr wenig, meistens gar
nicht. Nachdem sie genippt hat, klopft
sie mit dem Finger an die Stelle des
Schälchens, die ihre Lippen berührten:
damit ich nicht an derselben Stelle
trinken soll, der hohe Herr soll vor so
etwas behütet werden.

Ich nehme eine Zigarette aus der
Tasche, schon hat Kojako sie mir weg=
genommen, um sie für mich in Brand zu
setzen. Ja, ich muß sagen, hier gilt man
noch etwas. Hier ist man von einer Auf=
merksamkeit umgeben wie ein Fürst in
den Märchen. Es ist unmöglich, einen
Schritt allein zu machen, und wenn mich
die Lust anwandelt, einen kleinen Spazier=
gang in den Hof hinunter zu unter=
nehmen, so werde ich von zwei, drei
Tänzerinnen begleitet. Es hilft kein
Widerspruch. Ach, wie sie doch lachen,

wenn ich in den Getas, in die ich schlüpfte, ungeschickt dahinsegle. Fukuko wird einen kleinen Schöpfer bereit halten, um Wasser über meine Hände zu gießen, Kojako wird mir ihr Taschentuch, so groß wie eine Visitenkarte, zum Trock= nen reichen. Alle drei werden sie mich stützen, führen, mir den Weg zeigen, obgleich ich doch recht gut sehe und man übrigens von Sake nicht so rasch trunken wird.

Ich möchte gern ein paar Schritte gehen, denn meine Beine sind steif vom Sitzen, die Luft ist balsamisch, der Mond scheint — aber ich werde gezerrt, es hilft kein Sträuben.

Und wenn ich zurückkomme, so wird Nao=san etwas Neues ausgeheckt haben, etwas ganz Neues und ungeahnt Schönes.

„Nun, Nao=san, nan deska?“

Nao=san lächelt triumphierend.

„Sie müssen unbedingt den Shaberi Yama=Uba mai sehen“, sagt er.

„Was ist es?“

„O!“ Nao=san kichert, der Sake kichert

aus ihm. „Sie müssen ihn unbedingt sehen."

Die Mägde laufen hin und her mit Sake und Schalen. Ich setze mich nieder, und Nao=san erklärt mir den Tanz, während Kojako sich vorbereitet. Sie hockt am Boden wie eine Katze, die sich putzt, schielt etwas, reibt sich Wangen und Kinn mit gepudertem Papier und färbt sich die Unterlippe mit einem kleinen Büchelchen, das zwei grüne Seiten hat, brennend rot.

Shaberi Yama=Uba mai.

Der Tanz der schwätzenden Bergfrau. „Der Tanz ist über tausend Jahre alt!" sagt die Samisenspielerin und stimmt das Instrument.

Und ich höre die Geschichte dieses berühmten Tanzes:

In Yoroshima (Tokio), im Teehaus Hanginoya, lebt Yaengiri, ein Mädchen von betörender Schönheit, das der Samurai Sakatano Kurando Tokyoki mit seiner Gunst beglückt.

Otamaki, eine eifersüchtige Freundin, kämpft mit ihr um die Liebe des vornehmen Gatten, allein es gelingt ihr nicht, Yaengiri den Geliebten zu entreißen.

Tokyoki reist plötzlich ab. Sein Vater wurde ermordet, und er macht sich auf, den Erschlagenen zu rächen, so wie es Bushido, der Weg der Ritter, befiehlt.

Yaengiri ist verzweifelt, sie entflieht aus dem Teehaus, um den Geliebten zu suchen. Sie zieht hin und her im Lande, aber wo immer sie auch nach Tokyoki fragt, schüttelt man den Kopf. Niemand hat Tokyoki gesehen.

Yaengiri weiß ja nicht, daß der Geliebte den Namen gewechselt hat und in der Verkleidung eines Tabakhändlers die Rittersitze besucht, um nach dem Mörder zu fahnden. Jahrelang fragt und sucht sie, der Kummer entstellt ihre Züge, Schmerz und Sehnsucht verwirren ihr den Verstand.

Aber endlich soll sie ihn finden!

Kojako, die Tänzerin, beginnt den Tanz. Sie geht mit langsamen rhythmischen Schritten im Kreise, und der Stab, den sie trägt, die Schleife um die Hüften und der flache kleine Binsenhut an ihrem Arme sagen, daß sie eine Pilgerin ist; und dem japanischen Gaste sagen sie, daß sie im Begriffe ist, den Shaberi Yama-Uba mai zu tanzen.

Die Samisen erklingt, und die Samisenspielerin singt mit schriller, fremdartig klingender Stimme:

„Hier kommt Yaengiri, in alten Klei= dern, zerrissen wie Papier, die Ärmel naß von Tränen, arm und erbarmungs= würdig, dieselbe Yaengiri, die wie ein Fichtenbaum grünte, und jetzt wie eine Fichte erscheint, die gestorben steht im Schnee des Winters. Sie geht ganz lang= sam, müde ist sie, sie steht an einem Kreuzweg, in der Nähe einer Burg, und weiß den Weg nicht mehr."

Die Tänzerin steht still, dreht langsam und verwundert den Kopf hin und her, dann läßt sie den Stock fallen und reibt leichthin über das Knie, um Yaengiris Erschöpfung auszudrücken.

Sie lauscht, die Samisen klingt, aus der nahen Burg erklingt sie.

Sie öffnet erstaunt die Augen und spricht mit verwunderter, erschrockener Stimme, monoton, hart und stählern, den Akzent auf das letzte Wort jedes Verses legend:

Mezu rashiki ano samisen — Nanbo

uchi gatademo — Sharen u ukiyo ni meguri kuru!

Wie seltsam, die Samisen in einem solch vornehmen Hause zu hören!

Sie lauscht; die Sängerin winselt mit ihrer schrillsten Stimme, stark tremu= lierend:

Kuruma yoseyori tachigikaba — wobei sie mit den ersten beiden Silben „kuru" so scharf einsetzt, als entreiße sie sie der Tänzerin und deute dadurch an, daß sie nun endgültig das Wort führen wolle. Die Tänzerin selbst spricht keine Silbe mehr.

„Sie steht lauschend am Eingang der Burg", sang die Begleitung, und nach zwei kleinen glucksenden Schreien - o! - o! fährt sie fort:

Fushi giyana ano konta,

    Wagami kuruwani arishitoki,

Sakata no Kurando Tokiyoki donoto narisomeshio — —

„O, wie seltsam ist es doch! Als ich mit Kurando Tokiyoki die erste Liebes= nacht verlebte, da verfaßte er diesen

Gesang für mich! Niemand kann ihn kennen außer ihm, ich will hineingehen und sehen."

Die Begleitung fährt unter dem Klim= pern und Klingen der Samisen fort zu er= klären, und die Tänzerin illustriert durch den Tanz ihren Vortrag.

. „Yaengiri ruft laut, um sich Eintritt zu verschaffen, Gedanken der Vergangen= heit sind in ihr aufgewühlt worden."

„Sa! Sa! Sa! In Naniwa (Osaka) ist niemand, der nicht weiß, daß ich ge= schickt im Briefschreiben bin. Wenn ein Liebesbrief auch nur schlicht verfaßt ist und ich nur wenige Zeilen schreibe, so hat er doch Erfolg. Schon wenn ich die Tusche reibe, gibt das ein erfreuliches Bild, und ich kann Briefe aller . Art schreiben, für Jungfrauen, Dirnen, Tänze= rinnen, Priesterinnen, Witwen. Es ist eine alte Gepflogenheit meines Hauses, Briefe zu schreiben. Wenn Sie etwas zu schreiben haben, so lassen Sie es mich besorgen. Rufen Sie mich herein zum . Schreiben!"

„Drinnen lauscht das Dienstmädchen:
Was für eine sonderbare Sache zu ver=
kaufen!"

„Ruft sie herein, die Herrin zu unter=
halten!"

„Ja!"

„Das Dienstmädchen eilt, sie herein=
zuholen."

„Sind Sie die geschickte Schreiberin
unter den Dirnen? Die Herrin des Hauses
wünscht etwas von Ihnen."

„Sie zieht sie an der Hand ins Haus."

„Ah — ah! Was wünscht sie?"

„Yaengiris Freude, den Geliebten zu
sehen, ist so groß, daß sie sich fühlt, wie
die Yugaoga (eine Blume, die am Abend
den Kelch öffnet). Sie eilt schnell über
die Steinplatten des Hofes, sie zögert
manchmal, wenn sie sich ihrer schlechten
Kleidung erinnert, dann eilt sie weiter
vor Entzücken. Abwechselnd zögernd
und rasch geht sie, sna - sna - sna und
choko - choko." —
Ich frage: Hörst du die hölzernen Getas,
wenn Yaengiri langsam geht: sna=sna=

sna, wie sie die Steinplatten schaben?
und wenn sie schnell geht und die Schuhe
auf den Steinen tönen: choko - choko?
Nun, dann ist es gut, weiter —

„Die Magd denkt: Sie sieht nicht nach
dem Teehaus aus!"

„Yaengiri geht langsam an dem Tabakhändler, der die Samisen spielt, vorbei.
Von Angesicht zu Angesicht stehen sie
einander gegenüber, aber sie denken an
nichts.

„Jedoch in diesem Augenblick erkennt
sie der Samurai, er ist erstaunt, sie so arm
und elend zu sehen. Und auch Yaengiri
erkennt zu ihrem größten Erstaunen in
dem ärmlichen Händler ihren Geliebten.
Er verbirgt sich, und sie erbebt vor Zorn:
nein, er ist kein Mann mehr, er ist ein Tier."

„Einen Augenblick lang denkt sie daran, ihn zu entlarven, aber sie bezwingt
sich und drängt ihren Zorn in die Brust
zurück, die soviele Schmerzen zu er-
dulden hatte."

„Aus den Augenwinkeln blickt sie ver-
stohlen zu Tokyoki hin."

88

„Der Herr des Hauses aber hat von all dem nichts beobachtet."

„Kamiko!" spricht er sie an. (Kami heißt Papier und Ko ist die Anrede für Fräulein.)

„Fräulein Papier, trotz deinem schmut= zigen Kleide siehst du nicht gewöhnlich aus. Du bist keine gewöhnliche Frau, und es muß einen besonderen Grund haben, daß du so ins Elend gekommen bist. Er= zähle, wie es kam, daß du so arm wurdest, ich denke, es hat seine Ursache in einer früheren Existenz, daß es dir so schlecht ergeht."

„Ich weiß nicht, wer Ihr seid, Herr", entgegnet Yaengiri, „Euer Befehl ist so gütig und Eure Worte sind so voll Mit= gefühl für mein Schicksal! Der Anblick Eures edlen und milden Wesens allein hätte mein Herz dazu gedrängt, mich Euch mitzuteilen."

„Ich bin sehr beschämt, aber ich muß gestehen, daß meine letzte Beschäftigung die einer uki war, Hanginoya hieß das Teehaus. Ich kann wohl sagen, daß ich das erste unter den Mädchen war und mich einer großen Berühmtheit erfreute."

Uki bedeutet Dirne und ist eine kurze . Form für ukikawa takeni. Uki heißt schwimmen, kawa Fluß und take Bambus. Wie Bambus, der den Fluß hinab schwimmt — —

„Aber, Herr, dann fiel ich in unglückliche Liebe, und die ist an meinem Elend schuld, und wie Ihr seht: zuletzt stieg mir das Blut zu Kopf und mein Verstand verwirrte sich."

„In jeder Nacht hatten wir andere Gäste im Teehaus. Einer von ihnen war Sakata, und in der ersten Nacht erwählte er mich. Das ist jetzt drei Jahre her."

„Die Herzen von jungen Männern und jungen Mädchen sind wandelbar, denn sie sind jung, aber wir zwei waren nicht zu trennen, und so oft fand uns die Liebe im ersten Stock des Hauses beisammen, daß man uns den Namen kakedai gab!"

„Das heißt, die Liebenden wurden mit einem Paar Fische verglichen, wie man sie in der Küche an einen Haken auf-

92

hängt. Um die Treue von Ehegatten und Liebespaaren zu bezeichnen, wählen die Japaner für gewöhnlich den Namen der Mandarinenente, oshidori, von der gesagt wird, daß die eine Ente stirbt, sobald die andere den Tod gefunden hat.

„Ich habe alle Wonnen der Liebe mit dem Geliebten genossen."

„In dem gleichen Teehause aber lebte Otamaki, die ebenfalls in Liebe zu dem Samurai entbrannt war und ihm jeden Tag hundert und zweihundert Briefe schrieb. Oh, wieviel Briefe sie doch schrieb! Aus Eifersucht! Um diese Briefe zu tragen, wären ungefähr sieben und einhalb Pferde nötig; wollte man sie mit einem Schiffe befördern, so müßte es ein sengoko fune (1000=Reisballen= Schiff) sein. Mit einem Wagen könnten sie kaum fortgeschafft werden, selbst wenn die Leute den keyaridemo ondo= demo singen würden." (Ein Gesang, der Schwung, Rhythmus und Kraft verleiht.)

„Aber Tokyoki beachtete Otamaki

nicht im geringsten, während seine Liebe
zu mir mit jedem Tag wuchs!"

„Otamaki raste vor Zorn."

„Sie sagte: es ist nicht höflich von dir,
Yaengiri, solchen Unsinn zu schwatzen,
laß mir den Tokyoki! Antworte schnell,
ob du einwilligst oder nicht!"

„Sie faßte mich zornig an der Brust."

„Jetzt war die rechte Zeit zum Handeln
gekommen."

„Kudamaki!" (Yaengiri verdreht Otamakis Namen und nennt sie „Unsinns-
schwätzerin"). „Wie könnte ich solch
einen törichten Vorschlag annehmen, ist
denn kein Mann in Nippon außer
Tokyoki?"

„Wenn es noch andere Männer in Nippon gibt (antwortete Otamaki), warum
hast du dich nicht in sie verliebt, daß
ich Tokyokis Geliebte werden konnte?"

„Darauf stieß ich sie zurück und sagte:
du bist ein Dieb meiner Liebe!"

· „Das Fenster zerbrach, die Samisen
wurde zertreten. Otamaki rollte über den
Boden, sie rollte gegen einen Baum, der

94

sich bog und fast zerbrach, sie zerschlug sich das Gesicht, und die Nase blutete so sehr, daß einhundertundsechsundsechzig sho Blut ausliefen."

„Das alles geschah im Teehaus."

„Der Besitzer von Otamakis Teehaus sagte: unsere Partei darf nicht besiegt werden! Und er rief Freunde und Freundinnen, ihr beizuspringen."

„Da kamen sie alle herbeigeeilt in Schuhen und Sandalen, die Diener, die Verwandten, der Reiskocher, der Barbier, die Hinterhausbewohner, alle!"

„Die Gesellschaft teilte sich in zwei Parteien. Sie schlugen einander, es war wie ein Tanz anzusehen."

„Das Servierbrett, der Reistopf, die Teebüchse, alles wurde zugleich zum Schleudern benützt, zerschlagen und zertreten."

„Es gab solch einen Lärm, daß die andern Leute glaubten, es sei ein Erdbeben oder ein Gewitter. Viele schlüpften ins Bett und versteckten sich unter dem Moskitonetz (der Donner und der Blitz,

ein Dämon, scheut das Moskitonetz),
andere murmelten kunabara, kunabara
(Ahorn, von dem sich der Dämon fern=
hält), andere zündeten Kohlenstäbchen
an, und wieder andere flüsterten yonashi!
(Sei ruhig! Bei Erdbeben gesprochen.)"

„Die Leute liefen schneller aus dem
Hause, als es möglich war, jeder trachtete
danach, der erste zu sein. Sie fielen über
die Kübel und Badewannen, so daß das
ganze Haus schwamm!"

„Aber nun glaubten alle, die Sturm=
flut käme übers Land, und sie schrien:
Sturmflut! Sturmflut!"

„Man sah selbst eine erbsengroße Katze
und eine Maus so groß wie ein Pferd aus
dem Hause laufen. Die Wiesel tanzten
auf dem Dache."

„Seit der Erschaffung Japans durch
Yimmu hat sich noch nie solch ein Streit
und solche Eifersucht ereignet!"

Das ist der Text des Tanzes.

Wer die Worte der Samisenspielerin,
die heult und winselt und ihr Bestes
tut, nicht versteht, würde beim Anblick

des anmutigen Flusses von Bewegungen und Posen der Tänzerin kaum ahnen, daß sie eine so erregte Szene wiedergibt. Die Gesetze des Tanzes verpönen realistische Darstellungen und beschränken die mimische Wiedergabe aufs geringste. Das Antlitz der Tänzerin behält während des ganzen Tanzes fast durchweg den gleichen ruhigen Ausdruck; die Wangen etwas lang gezogen, die Augen mit den hochgemalten Brauen erstaunt und fast erschrocken in der gleichen Höhe, über den Zuschauern, bewegt sich die Tänzerin mit Leichtigkeit, aber der gespanntesten Aufmerksamkeit durch das Wirrsal von Bewegungen und Figuren.

Nur wenn Kojako den Streit zwischen den Dirnen darstellt, lösen sich für Sekunden die strengen Formen des Tanzes. Ein leises Stampfen mit dem Fuße zeigt den Beginn des Kampfes an. Kojako tanzt auf einem Fuß im Kreise, das Knie hochgezogen und den anderen Fuß wie eine kleine weiße Pfote nach vorwärts und aufwärts im Gelenk gedreht, und

7*

zeigt damit an, daß die Samisen zertreten wurde. Kojako dreht sich im Kreis, um die auf den Boden gelegten Finger, wodurch sie charakterisiert, wie die Feindin von der zornigen Yaengiri in Schwung versetzt wurde. Sie rollt in der ganzen Länge über den Boden (nicht ohne vorher das Gewand zwischen die Knöchel gepreßt zu haben), das heißt: die Feindin rollt gegen den Baum. Sie wiegt den Kopf auf den Schultern und hält sich die Ohren zu: Gewitter und Erdbeben.

Aber diese Andeutungen fügen sich rhythmisch in den sanften Fluß des Tanzes ein und werden nie zu wirklichen Darstellungen. Dem Uneingeweihten würden sie nur wie sonderbare und groteske Tanzfiguren ohne weitere Bedeutung erscheinen.

Wie bezeichnend für den künstlerischen Sinn der Japaner ist es aber, daß sie gerade diese Szene aus Yaengiris Geschichte für den Tanz wählten? Die geschwätzige Erzählung einer Närrin — —

Denn der Tanz ist hier zu Ende.

„Aber die Geschichte, Nao=san?“ wende ich mich an meinen Freund.

Nao=san lächelt und sucht nach Worten.

„Sie ist bald zu Ende“, sagt er. „Toki= yoki, der Samurai und Tabakhändler, vollzieht aus Gram über den Zustand seiner Geliebten das Harakiri, und läßt ihr seinen Magen überreichen, in dem sich ein Saft befindet, der den Irrsinn heilt. Yaengiri wird gesund, sie zieht sich in die Berge zurück und wird sehr alt. Deshalb heißt sie Yama=Uba. Sie lebte im Oe=yama, einige Meilen von hier. Später nahm sie einen Knaben bei sich auf, Kintoki, der später durch seine Stärke berühmt wurde.“

„Nun, und?“

„Das ist eine Geschichte für sich!“

Ich habe später bei dem Feste der Knaben Kintoki, Yama=Ubas berühmten Pflegesohn, gesehen. Er ritt auf all den großen Papierfischen, die an langen Bambusstangen über den Dächern der Häuser schwammen.

Auch Yama=Uba habe ich gesehen.

Auf der Insel Miyajima, in der Schatz=
kammer des Tempels Itsukushima. Eine
wunderbare Zeichnung von der Hand des
Nagasawa Rosetsu (1755—1798), eine
schrecklich alte Frau mit langen Zähnen,
in Lumpen gehüllt, einen zerrissenen
Fächer über dem Kopfe, und Kintoki
klammert sich an ihr Kleid, ein kobold=
artiger Knabe von dunkelroter Haut=
farbe.

Ich habe das Bild lange betrachet.

100

Tsukiga Kasanarya.

Es ist spät in der Nacht. Nao=san kichert, der Koch lacht, der Boots= mann mit dem kupferroten Schädel blin= zelt schläfrig. Nur der Großvater sitzt ruhig und gesammelt wie am Anfang.

Meine Beine sind steif vom langen Sitzen auf dem Kissen. Wir werden gehen. Ich bestelle kleine Briefumschläge, wie sie für die Geschenke der Geishas gebraucht werden, und überreiche sie den Mädchen. Die Tänzerinnen ergreifen den kleinen Brief, führen ihn gegen die Stirn und danken.

Aber bevor ich gehe, möchte ich Fukuko, unser Wunderkind, noch einmal tanzen sehen. Der Lärm, der für eine kurze Weile ruhte, hebt nochmals an, die Samisen schrillt, die Trommel dröhnt und Kojakos gellende harte Stimme zerreißt mir die Ohren.

101

Fukuko, der göttliche Fratz, wird den Tsukiga Kasanarya tanzen. Ein kecker Tanz: Die Monde machen es wachsen.

„O, was soll ich tun, ich fühle mich Mutter, mein Leib schwillt an, mehr und mehr, mit jedem Monat. Was soll mein armer Bauch tun, der unter Beschwerden leidet, sollen wir nach der Hebamme schicken?“

„Mach dir nichts daraus und kümmere dich nicht darum!“

„O, was soll mein Kindlein tun, wenn es geboren ist? Und wenn es eine Odafuku (häßliches Mädchen) ist, was soll Odafuku selbst tun?“

„Setze es auf die Treppe des Waisenhauses und kümmere dich nicht darum!“

„Der Polizist wird es finden, was soll er tun, was soll er tun, was soll der Polizist tun, wenn er das Kindchen findet?“

„Er wird nach dem Revierwachtmeister rufen, mach dir nichts daraus und kümmere dich nicht darum!“

Fukuko mit den Pausbacken, den

schwarzen Simpelfransen in der Stirn, ihrem runden Katzenkopf und ihrem zwölfjährigen kleinen Körper tanzt den Tanz mit all der Genialität, die in ihr steckt, und ich lache, daß mir das Wasser aus den Augen springt.

Wie sie vor= und zurückgeht, die Beine ein wenig gespreizt, die Knie ein wenig voneinander entfernt, die Fersen bei= sammen, wie sie den Bauch herausdrückt und den ominösen Bogen beschreibt: eine ungeheure, nie dagewesene Schwanger= schaft. Seht, wie sie hin= und herschau= kelt, als die Samisen singt: mach dir nichts daraus.

Wie sie das häßliche Mädchen darstellt, Odafuku, die sich plump bewegt, welch groteske Komik! Und wieder: mach dir nichts daraus! Sie wird sich nichts daraus machen, ihr könnt sicher sein.

Das Erstaunen des Polizisten, der das Kind findet, seine lächerliche Verwun= derung, er zittert vor Schrecken.

„Bansai, Fukuko, kleiner Lausbube, ich werde dir morgen einen Gürtel kaufen.

103

Und Fukuko erzählt allen mit ihrer rauhen, ungezogenen Stimme, daß ich ihr morgen einen Gürtel kaufen werde. „Obi! Obi!" Und sie kniet neben mir, ein kleines Bündel aus Fett, schwarzem Lack und Puder.

Sassa yo Yassa.

Die Samisenen spielen zum Schluß=
tanz, der jedesmal getanzt wird,
bevor der Abend schließt. Seine Melodie
ist für immer in meinen Ohren haften
geblieben, und so oft die kurzen Worte,
die die Tänzerinnen von Zeit zu Zeit
ausrufen, in mir wiederklingen, taucht
das Teehaus vor mir auf: die reinen,
schönen Räume, die geputzten Tänze=
rinnen, der Duft von Sake, die sorglose
Fröhlichkeit, die uns alle erfüllte.

Die Geishas tanzen alle zusammen
in einer Reihe — sassa yo yassa! — sie
neigen sich wie der Bambushain im
Winde und ihre Stimmen wehen aus dem
Bambushain hervor. Sassa yo yassa! —
Sie schwingen die Arme, klatschen in die
Hände.

Sassa yo yassa! klingt es durch das
ganze Haus, die Teehausstraße.

Nao=san und der Koch stehen auf und tanzen mit, klatschen, wiegen und neigen sich — sassa yo yassa! — Auch der rot= glühende Bootsmann tanzt. Zuletzt ich.

Wir brechen auf. Der Teehausbesitzer sitzt am gleichen Fleck vor dem Becken glühender Kohlen und wärmt sich die Fingerspitzen. Er schlürft und ächzt ein wenig, als wir gute Nacht sagen. Es wird ihm nicht in den Sinn kommen, die heitere Stimmung seiner Gäste durch das Präsentieren der Rechnung zu zer= stören. In einigen Tagen werde ich einen meterlangen Streifen erhalten, mit rätsel= haften Schriftzeichen bedeckt, Tänze= rinnen, Sake, Erfrischungen, alles genau verzeichnet.

Ein kleiner Festzug bewegt sich durch die dunklen, schlafenden Gassen. An der Spitze marschiert der Bootsmann mit seiner Papierlampe. Die Tänzerinnen klappern auf ihren Schuhen dahin. Rufen, Lachen, wie am hellen Tage. Die Magd des Teehauses folgt uns, einen Lampion an einem kleinen Stabe in der Hand. Die

Tänzerinnen gehen an meinen Händen, klein wie Kinder, und ich bin voller Dankbarkeit gegen sie für all die Schön=heiten, mit denen sie mich beschenkten.

Wir steigen ins Boot, und unter end=losem: Seiyonara! Oyasuminasei! (Leben Sie wohl! Geruhen Sie wohl zu schlafen!) stößt der Nachen ab. Das Ruder wühlt in flüssigem Feuer, die Sterne glitzern am dunkelblauen Himmel, die kleine Gruppe mit dem leuchtenden Lampion verliert sich zwischen den Schatten der grauen, niedrigen Häuser, deren Dächer im Mondlicht schimmern.

Morgen früh, wenn ich aufwache, werden die kleinen Tänzerinnen um meine Polster herumknien, „O heijo, o heijo" zwitschern und sich nach meinem Befinden erkundigen.

In Araki = ya.

Sobald ich den Fuß auf Japans Erde
setzte, haben mich die Teehäuser und
die lieblichen Tänzerinnen in so starker
Weise angezogen, daß ich mir vornahm,
ein Spezialist in Teehäusern und Tänze=
rinnen zu werden, möge es kosten, was
es wolle. Ich habe diesen Vorsatz aus=
geführt, ich bin auf viele Jahre hinaus
finanziell vollkommen ruiniert, das weiß
ich ja, aber ich bereue es nicht. Eine
Leidenschaft hatte mich erfaßt, ich
mußte dieses Schweben der schlanken
Mädchen sehen, dieses Vibrieren des
Fächers, ich mußte die Trommel hören
und die kleinen drolligen Schreie der
Tänzerinnen. Auch der Geruch der Tee=
häuser, die sauberen Matten, die fremden
Zeremonien, all das verlockte mich.

— — — — — — — — — — —

Aber ich hatte schon viele Nächte im Teehaus verbracht, ehe der Wunsch in mir wach wurde, mit den Tänzen und ihrem Sinn vertrauter zu werden. Ich äußerte meinen Wunsch dem liebens= würdigen Nao=san, und an vielen Nach= mittagen und Abenden kam nun Kojako in den Gasthof, um mich in die Tänze einzuführen. Sie brachte ihre Lehrerin mit, die sie begleitete. Es hat mich viele Mühe und eine ungeheure Summe ge= kostet, bis ich einzelne Tänze verstanden habe, aber diese Stunden zählen zu den schönsten meines Aufenthalts in der kleinen freundlichen Stadt am japani= schen Meer.

Der Wirt stellte mir die Räume des höhergelegenen Flügels von Araki=ya zur Verfügung, und hier saßen wir Stunden um Stunden. Die Wände der Räume standen offen, wir sahen hinaus auf die Bai, über den kleinen, saubergepflegten, phantasievoll angelegten Garten hinweg, dessen Sträucher und Blumen blühten.

Kojako und die Lehrerin, ihre Tante,

kamen in den Jinrikishas angerasselt. Sie nahmen langsam Platz und schlürften Tee und rauchten Pfeifen. Dann begann die Lehrerin, eine Blinde, den Text des Tanzes so lange herzusagen, bis Nao=san ihn niedergeschrieben hatte. Es gibt un= gefähr 200 Tänze (so wurde mir gesagt) und die wenigsten davon sind gedruckt, sie leben in vielen tausend Köpfen von Tänzerinnen und Lehrerinnen ein sicheres Dasein. Nao=san schrieb zuerst den Tanz in Ideogrammen nieder, dann in lateini= schen Buchstaben, dem Laut nach, und hier begann unsere gemeinschaftliche Arbeit. Mein Japanisch war mehr als unzulänglich, und Nao=sans Englisch war nicht viel besser. Aber mit Hilfe einiger Wörterbücher kamen wir nach stundenlanger Arbeit zurecht.

Die ganze Familie sah uns zu. Es waren oft zwanzig Personen, denn außer der Familie saßen noch die Mägde da, der Koch, der Hausbursche und Nachbarn. Sie saßen auf der Schwelle des anstoßen= den Raumes, und nur die Großmutter

112

und die junge Frau des Wirtes kamen auf meine Bitte hin zuweilen herein. Natürlich war auch Kintaro, die „Sardine", dabei; er hockte wie ein kleiner Frosch am Boden und stützte das Gesicht in die Hände, während Nao-sans Geschwister abseits saßen, ohne sich zu bewegen. Der Großvater aber liebte es, lange Stunden in einem verborgenen Winkel für sich allein zu sitzen und zu lauschen.

Die Lehrerin sprach langsam und blinzelte häufig. Sie hatte ein großes blindes Auge und ein zusammengekniffenes kleines. Zuweilen steckte sie den Finger in den Mund und rüttelte an ihrem langen gelben Zahn.

Ich mußte oft über die Großmutter, deren Zähne schwarz gebeizt waren, lächeln. Sie saß stundenlang mit offenem Munde, ohne Bewegung, und starrte der Erzählerin ins Gesicht. Sie blickte direkt in den Mund der blinden Lehrerin hinein, dahin, wo die Worte herkamen.

Kojako aber kniete vor dem Feuerbecken und lächelte, und zuweilen sah sie mir zu, wie ich schrieb. Das kam ihr sehr lächerlich vor.

Nao-san übersetzte. Es kostete ihn große Anstrengung. Sein Kopf wurde ganz weich, nach einiger Zeit sahen seine Augen betrunken aus, nach einigen Stunden wahnsinnig. Gott erbarme sich, Nao-san, du wirst den Verstand verlieren. Aber Nao-san lächelte stets auf meine Frage, ob er müde sei, knetete seinen weichen Kopf und entschuldigte sich wegen seines „poor English".

Jede Bemerkung, die ich machte, mußte er den anderen übersetzen, denn sie waren neugierig zu hören, was der Fremde mit dem weißen Gesicht zu ihren Tänzen sagte.

Zuweilen rannte sich die Erzählerin in einem endlosen Romane fest, und wir konnten sie mit aller Gewalt nicht mehr davon abbringen. Welch ein Gedächtnis sie hatte! Sie rezitierte endlose Zwiegespräche, die bis auf die kleinsten Kleinigkeiten ausgeschmückt waren. Sobald ein zweifelhafter Punkt kam oder ich die

114

Gesellschaft durch eine Zwischenfrage verwirrte, halfen sie alle zusammen, und sie gaben sich erst zufrieden, wenn sie an meinem Gesicht ersehen konnten, daß ich verstanden hatte. Dann ließ wohl auch der Großvater in seinem Winkel ein Wort hören.

Ich brauchte allein drei Nachmittage, um den Shaberi Yama=Uba mai zu er= fassen, und Nao=san ging in diesen Tagen wie im Fieber einher, und ich fürchtete ernstlich um seinen Verstand.

Nachdem mir Nao=san den Tanz ver= ständlich gemacht hatte, begann Kojako ihn zu tanzen. Wie schön und ernst sie tanzte! Sie tanzte wie im Teehaus, mit der gleichen Aufmerksamkeit. Sie er= schien dann unendlich schön, eine Priesterin ihrer Kunst. Und sie wurde nicht müde, ihn wieder mit dem gleichen Ernste zu wiederholen.

Zuweilen kam auch Fukuko mit zu den Nachmittagen. Sie spekulierte auf einen kleinen Nebenverdienst, aber sie konnte nicht so lange warten und ruhig sitzen,

sie schrie und lief umher, und wir warfen
sie endlich hinaus.

Ich habe der blinden Lehrerin und
Kojako durch Nao=san ein kleines Geld=
geschenk überreichen lassen. Da kamen
sie in mein Zimmer, knieten nieder und
beugten die Stirne bis zur Matte.

Sie beschämten mich. Auch ich kniete
nieder und erwiderte so gut ich es konnte
ihre Verneigung.

Ujigawa Genda Monogatari.

An einem Nachmittage aber fand in Araki=ya ein Fest statt, das un= geahnt große Dimensionen annahm.

Nao=san kündigte mir an, daß meine Tänzerinnen einige alte Samuraitänze für mich eingeübt hätten und sich sehen lassen wollten. Ich war erfreut darüber, wenngleich ich in diesen Samuraitänzen eine neue Spekulation auf mein dahin= schmelzendes Vermögen sah, die das Teehaus und Nao=san ausgeklügelt hatte. Denn wie oft sah ich doch vorher den Teehausbesitzer und Nao=san stunden= lang vor dem Feuertopf sitzen und be= raten! Die Schauspieler wollten die Kostüme leihen, ja, die Tänzerinnen so= gar ankleiden —

Schon am Mittag kamen Kojako, Ichiko, Fukuko, die blinde Lehrerin und noch ein

117

kleines Tanzmädchen, jene süße Kinder=
leiche, winzige bunte Papiersonnen=
schirme in der Hand, in Jinrikishas an=
gerasselt. Die Kuli wischten sich den
Schweiß ab und stampften wie junge
Pferde auf ihren braunen Waden, als sie
anhielten. Hinter ihnen her rasselten
zwei Gespanne einher, die die Koffer mit
den Kostümen brachten. Die Schau=
spieler, einfache, schlichte Leute, trafen
ein, und bald war das ganze Hotel voller
Menschen. Es kamen Freunde und Nach=
barn, die ganze Stadt schien vor Auf=
regung zu beben. Vor der Inn sammelten
sich „Berge von Menschen" an. Die
Eltern, Tanten und Basen der Tänze=
rinnen kamen, Zimmer und Gänge des
Gasthauses wimmelten von Leuten. Man
trank Tee und verzehrte Kuchen. Allmäh=
lich begann eine fieberhafte Tätigkeit.

Im Zimmer der Schauspieler, die sich
mit großer Würde und Zurückhaltung
bewegten, wurden die Tänzerinnen zu=
recht gemacht. Sie wurden bis zum
Gürtel ausgekleidet, die schönen starren

118

Frisuren wurden aufgelöst, zerweicht und
mit Tüchern über dem Kopf festge-
bunden. Dann wurden die Mädchen von
der Stirne bis zur Brust herab, vorn und
hinten mit einem Pinsel weiß ange-
strichen. Kojako lachte, Ichiko blinzelte,
während Fukuko zum erstenmal still war,
überwältigt von Aufregung und Feierlichkeit. Sie ließ alles geduldig über sich
ergehen. Ihre Brauen wurden mit Kreide
zugestrichen und darüber mit Tusche die
schönsten, kühnsten Brauen gemalt. Ihre
Augen wurden umrändert und durch
Linien in den äußersten Ecken noch
schräger gestellt, so daß sie zu schielen
anfing, die Nasenflügel wurden leicht
konturiert, die Lippen rot gemalt, eine
Linie lief quer über das Kinn, um dem
jungen Gesicht Festigkeit und Trotz zu
verleihen. Es wurde alles fein getupft
und getönt, und als Fukuko die Samurai-
perücke aufgesetzt bekam, mit dem aus-
rasierten blaugemalten Stirnoval und
dem Schopf im Wirbel, sah sie schon wie
ein junger stolzer Prinz einer fremden

kriegerischen Rasse aus. Sie wurde voll=
kommen wie ein junger Samurai geklei=
det, selbst ein kurzes Schwert stak in
ihrem Gürtel.

Ichiko wurde zu einer schönen Magd
hergerichtet, einer Art Zofe. Kojako zu
einem Samurai mit zwei Schwertern,
breiten, steifen Brustaufschlägen und
Beinkleidern, die die doppelte Länge
hatten, d. h. sie ging in ihnen, wo die
Kniee sein sollten, und zog die langen
Enden hinter sich her.

Als die Vorstellung beginnen sollte,
traf ein Photograph ein, und die Tänze=
rinnen wanderten in ihren fremden
Kostümen in den Garten hinaus: ein
schönes Bild, ein Stück des alten, längst
vergangenen Japan!

Die Tänze fanden im höhergelegenen
Flügel statt, in dem der Großvater viele
Stunden lang stillschweigend gearbeitet
hatte. Ich hatte ihn den ganzen Tag
über nicht gesehen. Es nahm wohl lange
Zeit in Anspruch, bis die Wände so ge=
schoben waren, daß das richtige Licht in

120

den Raum fiel. Die Innenwände hatte er herausgenommen, so daß aus den vier Zimmern ein einziger großer Raum ent= stand. Den Hintergrund nahm ein hoher, viele Meter langer Wandschirm ein, golden und mit einem herrlich gemalten, weitausholenden Fichtenast darauf. Das war die Bühne. Es sah prachtvoll aus, und ich bewunderte den feinen Ge= schmack dieses schlichten Gastwirts.

Gegenüber der Bühne war ein kleiner Teppich ausgebreitet, auf dem ein Kissen lag; dieser Platz war für mich bestimmt.

An den Wänden entlang lagen viele Kissen und stand eine Menge Feuertöpfe, für die Gäste und Schauspieler. Im Nu waren alle Plätze besetzt. Dann kamen noch die Zaungäste, vom Großvater an= geführt, herein und lagerten sich auf der Galerie, die um das ganze Gemach führte, und lugten zu den offenen Wänden herein. Braune, wilde Knaben= und Mäd= chengesichter, die Kinder von Fischern, in allen Altersstufen, von fünfzehn, sechszehn Jahren bis herab zu den Säug=

lingen, die auf den Rücken der älteren Geschwister hockten. Es waren ungefähr hundert. Sie zischelten und tuschelten und erschraken, als ich mich umdrehte, und machten Miene, zu entfliehen. Aber ich machte solch ein gewinnendes, freund= liches Gesicht, daß sie Zutrauen faßten.

Die Stimmung war bis zu beängsti= gender Feierlichkeit gestiegen, als die Vorstellung begann.

Die kleine, süße Kinderleiche tanzte zuerst einen zarten, lieblichen Tanz und erntete reichlichen Beifall. Ihre hübsche Bemühung stand nicht auf dem Pro= gramm, aber ich hatte mich schon daran gewöhnt, stets etwas mehr zu erhalten, als ich anordnete, und ließ den Eifer der Teehausbesitzer lächelnd gewähren. Übrigens fand ich den Gedanken, die Vor= stellung mit einem kleinen, anspruchs= vollen Tanz einzuleiten, sehr schön.

Die Samisen setzte energisch ein und die Tänze begannen.

Es waren berühmte alte Tänze und der erste hatte den Namen: U j i g a w a

124

Genda Monogatari. Gendas Er=
zählung von der Schlacht am Ujigawa.

Ichiko, die die Dienerin Chidori spielt,
kniet am Boden vor dem großen Wand=
schirm mit dem Fichtenast, und Genda,
der junge Samurai, tritt in voller Pracht,
den langen Hosen, die Schwerter im
Gürtel ein. Ein unvergeßliches, präch=
tiges Bild. Kojako, die Gendas Rolle
übernommen hat, bewegt sich mit der
ruhigen kühlen Würde eines Prinzen.

Sie tritt ein, dreht langsam den Kopf
und spricht: „Sage der Mutter, daß ich
zurückgekehrt bin."

Chidori: „Soll geschehen!" Sie wendet
sich auf den Knien um, so daß sie für
eine Weile den Zuschauern den Rücken
zukehrt und ruft: „Der junge Herr ist
zurückgekehrt!"

Genda: „Ich hörte, daß Heiji Kagetaka,
mein junger Bruder, krank war. Ist er
wieder hergestellt?"

Chidori: „Er ist lange genesen und so
gesund, daß wir viel unter dem Übermaß
seiner Kräfte zu leiden haben."

Genda: „Es ist gut. Wo ist er? Ich wünsche ihn zu sehen!"

Heiji, noch unsichtbar: „Kagetaka ist hier, dich zu begrüßen!"

Samisen: „Er naht ohne Hast!"

Heiji tritt ein (Fukuko) und setzt sich auf den Boden, ruhig und gelassen, wie ein Samurai zu sitzen hat. Er spricht:

„Willst du mir nicht von deinen Heldentaten in der Schlacht am Ujigawa erzählen, damit ich lerne?"

Genda: „Wenn es sich der Mühe lohnt, so will ich berichten, was ich weiß. Bringe den Hocker her!"

Chidori: „Ja!" (Ein langgezogenes „Hai").

Genda nimmt Platz und stützt die Fäuste auf die Schenkel. Er sitzt in der Mitte, zur Rechten kauert Heiji und zur Linken kniet Chidori, die Dienerin.

„Die Macht des Feindes", beginnt Genda, „war fünfundzwanzigtausend Soldaten stark. Die Schlacht wurde im letzten Winter geschlagen, gegen den Frühling zu, der hohe Schnee (Schnee=Schnee)

auf den Bergen war geschmolzen und die Flüsse waren angeschwollen. Die Brücken waren zerstört. Am Ufer gegen= über stand der Feind hinter einem Wall.

Gepanzerte Ritter in der Zahl von fünf= bis sechstausend. Ich saß auf dem berühmten Pferd, das mir mein Herr ge= schenkt hat."

Der junge Bruder unterbricht ihn un= geduldig, und Fukuko spielt ihre Rolle so meisterhaft, daß wir alle entzückt sind. Durch einen Schlag des Fächers, den harten herausfordernden Ton ihrer Stimme drückt sie ganz wunderbar die Ungeduld des jungen Samurais aus, der den Bruder zur rascheren Erzählung an= treiben möchte.

Wiederholt wird er vom Bruder und Chidori zur Ruhe und Geduld verwiesen, aber immer wieder fällt er dem Erzähler ins Wort. Er klatscht mit dem Fächer auf den Boden und ruft aus: „Ich würde anders gehandelt haben. Wartet, bis ich erwachsen bin, ich will euch zeigen, was ich tue!"

Sein feuriges Temperament ist nicht zu bändigen. Endlich beruhigt er sich und lauscht hingerissen. Und hier setzt der eigentliche Tanz ein. Die Samisen übernimmt die Fortsetzung der Erzählung und Genda tanzt.

Schöne Posen und sanfte entzückende Bewegungen. Nichts erinnert an die Darstellung einer Schlacht, die Genda wiedergibt. Nur ein einziges Mal stampft er leise mit der Ferse auf. Vielleicht sieht ein Japaner im Spiel des Fächers all die Tausende von Rossen und Reitern und das Schlachtengetümmel, von dem die Ballade singt, vielleicht sieht er in einer Bewegung des Armes, daß Genda dahinsprengt, und in den schönen, ruhigen Augen der Tänzerin vielleicht den Heldenmut Gendas und seinen Sieg.

Schöner aber noch als der Tanz selbst ist die Gruppe der Zuschauer, die atemlos den Bewegungen jener prächtigen Gestalt vor dem goldenen Wandschirm folgen, die ein Stück von Japans Herrlichkeit heraufzaubert.

128

Die Tänzerinnen fanden großen Beifall, und die Schauspieler beglück-
wünschten sie.

Nach einer kurzen, in Schweigen ver-
brachten Pause intonierte die Samisen
die Begleitung des zweiten Tanzes.

Er ist so berühmt und alt wie der
vorige, und die Heldentat von zwei
jungen Söhnen ist sein Thema.

Der Vater der beiden Gefeierten, ein
Fechtlehrer im Dienste eines Fürsten,
wurde von seinem neidischen Neben-
buhler, den er im Wettkampf besiegt
hatte, erschlagen. Die Söhne des Er-
mordeten, fast noch Kinder, ziehen aus,
seinen Tod an dem entflohenen Mörder
zu rächen. Der ältere der Knaben macht
die Bekanntschaft einer Dirne, die ihn
bittet einzutreten, als er während des
Regens an ihrem Hause vorbeigeht. Sie
liebt ihn. Sie kennt den Mörder, und aus
Liebe zu ihrem schönen jungen Freunde
wird sie die Konkubine des Mörders, um
ihn in die Hände der Rächer zu liefern.
Bei einer großen Jagd bezeichnet sie den

Söhnen das Zelt, in dem der Mörder ihres Vaters weilt, und sie erschlagen ihn.

Der Tanz hat zwei Bilder. Der ältere Knabe (Kojako) geht im Kreise umher, einen kleinen Sonnenschirm in der Hand. Die Dirne (Ichiko) nähert sich ihm. Tretet ein, edler Jüngling, es regnet ja in Strömen! Sie tanzt und drückt im Tanze ihre Liebe aus.

Im zweiten Bild tritt der jüngere Knabe auf (Fukuko). Tanz= und Fechter= stellungen, zarte und drohende Bewe= gungen, ein Griff an die Schwerter, ein Spreizen der Beine und Schütteln der Köpfe. Zuletzt eine Pose, die die Ent= schlossenheit der Knaben ausdrückt. Sie gehen ab, um den Vater zu rächen.

Ich habe den Namen dieses berühmten Tanzes vergessen, aber er ist auch ohne einen Namen schön.

Nachschrift.

Wer die in den Teehäusern Japans verborgenen Herrlichkeiten erblickt, jenen verschwenderischen Reichtum an Phantasie, der die zarten Körper und leisen Füße der Tänzerinnen bewegt, der muß sich fragen, auf welche Weise dieses Volk zu einer solchen Vollendung des Tanzes gelangen konnte. Rätselhafter aber muß es ihm noch erscheinen, daß diese Tänze sich jahrhundertelang erhalten konnten und daß man sie in allen Teehäusern Japans bis auf letzte Kleinigkeiten in derselben Form zu sehen bekommt!

Gewiß hat ja der verfeinerte Tanz seinen Ursprung an den Höfen und in den Häusern der Vornehmen genommen, aber wie kam es doch, daß er weite Kreise und selbst ein ganzes Volk zu Zuschauern gewinnen konnte, daß sich stets

131

Tausende von Lehrerinnen finden und Tausende von Tänzerinnen, die der Kompliziertheit und dem Raffinement der Tänze Verständnis und Geschicklichkeit entgegenbringen? Die Folgen von Gesten, die Verschlingungen von Posen sind ja ebenso verwirrend wie die Bilder der japanischen Schrift, die der Pinsel des Schreibers blitzschnell auf das Papier wirft.

Je länger ich aber das japanische Volk beobachtete und je mehr mein Auge für sein absonderliches und fremdes Gebaren geschult wurde, desto eindringlicher drängte sich mir der Gedanke auf, der eine Lösung dieser Fragen zu enthalten schien.

Ich sah das japanische Volk in seinen Theatern, bei seinen religiösen Festen, bei seiner Arbeit und in seinen Häusern, und plötzlich entdeckte ich in allem den Tanz.

Jeder berühmte und vielbesuchte Tempel hat seine Tänze. Ja, zu jeder Shinto-Tempelanlage gehört eine besondere

Bühne, die für die Tänzer errichtet ist. Die Priester selbst führen, um die Götter zu erfreuen, Tänze in phantastischen Gewändern, mit Flügeln, Tierköpfen und Waffen auf.

Furcht und Schrecken, Freude und Trunkenheit drücken die Schauspieler in einer Art von Tanz aus, in Rhythmen von erschrockenen, frohen oder bizarren Gesten, ja selbst die Verzweiflung einer Mutter, die ihr Kind betrauert, spiegelt sich in einer Art von Tanz wieder, einem rhythmischen Wiegen des Hauptes und des zuckenden Körpers. Die Fechter-stellungen der Schauspieler, ihre Dar-stellung von Wut, Rachedurst, Zärt-lichkeit, alles wird zu einer Tanzpose. Oder ist es nicht schon Tanz, wenn ein Samurai mit stolzen, wiegenden Schritten über den „Blumenweg" durch das Theater schreitet?

Die Knaben, die die Trommeln bei den Prozessionen bearbeiten, sechsjährige Burschen, wie schwingen sie doch den Körper, Arme und Hände! Die Lastträger, die singend ihre Lasten bewegen, die Frauen in den Häfen, die tausend Tonnen Kohlen in kleinen Körben in einen Dampfer verladen, stehen sie nicht unter einem rhythmischen Gesetz? Jede Äußerung von Gefühl und körperlichem Kraftbewußtsein wird diesem Volke zum Tanze. Ich habe in einer kleinen Hafenstadt sogar eine Wäscherin beobachtet, die mit den Füßen wusch: sie t a n z t e auf der Wäsche.

Oder wenn du die feierlichen Zeremonien der Japaner beobachtest, ihre Verneigungen, das Reichen einer Schale, das Entgegennehmen eines Geschenkes, wenn du siehst, wie ein Japaner nur sitzt, ist nicht selbst das eine Art Tanz, ein stiller, gebundener Rhythmus, sagst du nicht zu dir: hier sitzt ein Tänzer?

Und die Ursache für die Allgemeinheit des Tanzes, die Liebe für ihn und die Geschicklichkeit, ist die:

d i e s e s V o l k i s t e i n V o l k
v o n T ä n z e r n.

Lightning Source UK Ltd.
Milton Keynes UK
UKHW020056070821
388460UK00002B/313